Prières à chanter pour mon bébé

Pour Martin
C. P.

Pour Juliette
V. A.

Direction éditoriale : Christine Pedotti
Coordination éditoriale : Sarah Malherbe
Édition : Sophie Cluzel, assistée de Charlotte Walckenaer
Direction artistique : Élisabeth Hebert, assistée de Amélie Hosteing

Site : www.editionsfleurus.com
ISBN : 978-2-7289-1253-7
N° d'édition : 10100

Prières à chanter pour mon bébé

Prières de Virginie Aladjidi
et Caroline Pellissier

Illustrations d'Éric Puybaret

MAME

Le soir est tombé

Sur l'air de « Dodo, l'enfant Do »

Le soir est tombé,
La lune éclaire la terre,
Le soir est tombé,
Jésus garde-moi toujours.

Un p'tit chat ron ron

sur l'air de « Ainsi font font font »

Un p'tit chat ron ron,
Vole vole coccinelle,
Un beau papillon,
Merci pour la Création !

Sais-tu combien je t'aime

Sur l'air de « À la claire fontaine »

Sais-tu combien je t'aime,
Écoute mon cœur qui bat,
Dieu nous prend sous son aile,
Endors-toi dans mes bras.
Le Seigneur Dieu qui nous aime
Toujours sur nous veillera.

Petit enfant, petit enfant…

Sur l'air de « Frère Jacques »

Petit enfant, petit enfant,
Calme-toi, calme-toi,
Notre Seigneur veille,
Notre Seigneur veille
Sur nos vies, sur nos vies.

J'ai vu les fleurs et les cerises

Sur l'air de « *J'ai descendu dans mon jardin* »

J'ai vu les fleurs et les cerises,
J'ai entendu un chant d'oiseau,
C'était si bon, c'était si beau.
Merci pour toutes ces merveilles,
Merci ô mon Dieu.
Merci pour toutes ces merveilles,
Merci ô mon Dieu.

Marie, Marie…

Sur l'air de « Meunier, tu dors »

Marie, Marie,
Tu berces ton tout-petit.
Marie, Marie,
Ton enfant est béni !

Tes mains, tes petits pieds…

Sur l'air de « *Vent frais, vent du matin* »

Tes mains,
Tes petits pieds,
Ton visage et tes baisers,
Mon bébé je t'aime,
Je rends grâce pour…

Mon bébé qui danse

Sur l'air de « Jean petit qui danse »

Mon bébé qui danse,
Mon bébé qui danse,
Pour la vie il danse,
Pour la vie il danse,
Pour la vie, vie, vie,
Pour la vie, vie, vie,
Ainsi danse mon petit.

Mon bébé qui danse,
Mon bébé qui danse,
Pour son Dieu il danse,
Pour son Dieu il danse,
Pour son Dieu, Dieu, Dieu,
Pour son Dieu, Dieu, Dieu,
Ainsi danse mon petit.

Alléluia, Seigneur je te chante

Sur l'air de « Alouette, gentille alouette »

Alléluia, Seigneur je te chante,
Alléluia, Tu es avec moi.

1. Tu es là quand je me couche,
Tu es là quand je me couche,
Ô Seigneur, ô Seigneur,
Ô Seigneur, ô Seigneur...
Aaaaa...

Alléluia, Seigneur je te chante,
Alléluia, Tu es avec moi.

2. Tu es là quand je me lève,
Tu es là quand je me lève,
Ô Seigneur, ô Seigneur,
Ô Seigneur, ô Seigneur...
Aaaaa...

3. Tu es là quand je souris,
Tu es là quand je souris,
Ô Seigneur, ô Seigneur,
Ô Seigneur, ô Seigneur...
Aaaaa...

Le Seigneur est juste et bon

Sur l'air de « Dans sa maison un grand cerf... »

Le Seigneur est juste et bon,
Il est rempli de tendresse,
Il prend soin de ses petits,
Et de toi aussi !

Gloire, gloire, gloire à Dieu,
Il prend soin de ses petits.
Gloire, gloire, gloire à Dieu,
Je chante pour Lui.

Photogravure : Point 4
Achevé d'imprimer en Chine
par C&C en juin 2010
Dépôt légal : février 2008